BEI GRIN MACHT SICH IHR WISSEN BEZAHLT

- Wir veröffentlichen Ihre Hausarbeit, Bachelor- und Masterarbeit

- Ihr eigenes eBook und Buch - weltweit in allen wichtigen Shops

- Verdienen Sie an jedem Verkauf

Jetzt bei www.GRIN.com hochladen und kostenlos publizieren

Bibliografische Information der Deutschen Nationalbibliothek:

Die Deutsche Bibliothek verzeichnet diese Publikation in der Deutschen National-
bibliografie; detaillierte bibliografische Daten sind im Internet über http://dnb.d-
nb.de/ abrufbar.

Dieses Werk sowie alle darin enthaltenen einzelnen Beiträge und Abbildungen
sind urheberrechtlich geschützt. Jede Verwertung, die nicht ausdrücklich vom
Urheberrechtsschutz zugelassen ist, bedarf der vorherigen Zustimmung des Verla-
ges. Das gilt insbesondere für Vervielfältigungen, Bearbeitungen, Übersetzungen,
Mikroverfilmungen, Auswertungen durch Datenbanken und für die Einspeicherung
und Verarbeitung in elektronische Systeme. Alle Rechte, auch die des auszugsweisen
Nachdrucks, der fotomechanischen Wiedergabe (einschließlich Mikrokopie) sowie
der Auswertung durch Datenbanken oder ähnliche Einrichtungen, vorbehalten.

Impressum:

Copyright © 2017 GRIN Verlag
Druck und Bindung: Books on Demand GmbH, Norderstedt Germany
ISBN: 9783668653993

Dieses Buch bei GRIN:

https://www.grin.com/document/414665

Jessica Saroufim

Die Bedeutung der Kirche in der DDR. Ein historischer Umriss

GRIN Verlag

GRIN - Your knowledge has value

Der GRIN Verlag publiziert seit 1998 wissenschaftliche Arbeiten von Studenten, Hochschullehrern und anderen Akademikern als eBook und gedrucktes Buch. Die Verlagswebsite www.grin.com ist die ideale Plattform zur Veröffentlichung von Hausarbeiten, Abschlussarbeiten, wissenschaftlichen Aufsätzen, Dissertationen und Fachbüchern.

Besuchen Sie uns im Internet:

http://www.grin.com/

http://www.facebook.com/grincom

http://www.twitter.com/grin_com

Kirche in der

DDR

JESSICA SAROUFIM 12B

Inhalt

1. Hinführung zum Thema..3

2. Der Anfang (1945-1969) 4

3. Kirche im Sozialismus (70er) 6

4. Jahre der Wende (80er)..7

5. Bestätigung der These und Schlussfolgerung...9

Quellen...11

Literaturverzeichnis 12

Bildverzeichnis 12

1. Hinführung zum Thema

„Religion ist das Opium des Volkes". Schon durch dieses Zitat von Karl Marx wird eine gewisse Feindlichkeit zwischen den Kirchen und der Grundlage eines kommunistischen bzw. realsozialistischen Regims ausgedrückt. In meinem Fall wäre das Problem zwischen der Kirche und der SED Herrschaft in der DDR.

Doch ich überlege mir immer, welch großen Effekt solch eine Gemeinde auf ein ganzes System haben kann oder frage mich, ob es vielleicht das miese Schicksal eines Landes verändern kann. Wäre das nun möglich?!

Diese spezifische Frage hat mich dazu geführt, dieses Thema zu wählen. Ich lebe in einem Land (Ägypten), wo der Azhar eine ziemlich große Rolle spielt. Der Azhar („eine islamische wissenschaftliche Großkörperschaft"[1]) hat sowohl einen Einfluss auf die Bildung (Al Azhar Universität) als auch auf die Denkweise des Volkes (Al Azhar Moschee). Es wäre undenkbar, dass die Regierung den Azhar in irgendeiner Form unterdrückt, sonst würde das Volk in Rage geraten. Solch eine große Kontrolle hat diese Organisation über mein Volk, das v.a aus Muslimen besteht. Aber was ist, wenn es eigentlich passiert, aber die Manipulation ist so stark, dass zum Schluss mehr als 60% des Volkes die Religion verlässt?[2] Und dazu kommt, dass meine Regierung, die mir versprach demokratisch zu sein, eigentlich nur eine Dikatur ist? Wie würde Al Azhar reagieren, der eigentlich für das Volk eintritt und niemals dagegen ist?

Gerade so ist das ungefähr 70 Jahre her in der Deutschen Demokratischen Republik (DDR) passiert und ich bin der Meinung, dass die Opposition der evangelischen Kirche im Laufe der Jahre mithilfe ihrer Anhänger zum Verfall der Diktatur in der DDR führte.

Ich werde in der Arbeit folgendermaßen hervorgehen: Zuerst werde ich den Anfang der DDR im Jahre 1949 bis 1969 im Bezug auf der Kirche beschreiben, die entstehende Konflikte zwischen Staat und Kirche und die darausfolgende Reaktion der Kirche hervorheben. Dann die Zeit der bedingten „Ruhe" bzw. die Zeit, in der der Staat und die Kirche einen Kompromiss gesucht haben, ausarbeiten. Zum Schluss behandele ich die Zeit der Wende ab den 80er Jahren, die die friedliche Revolution und das Ende der DDR umfasst.

---

[1] https://de.wikipedia.org/wiki/Azhar_(%C3%84gypten) 20.08.2017, 11:04
[2] http://www.kulturation.de/ki_1_thema.php?id=127

Der zweite Weltkrieg erreichte sein Ende und man erhoffte einen Neubeginn in dem eigenen Land. Aber der Krieg hatte kein Happy Ending für jedes Land und vor allem keins für Deutschland, das die 40-jährige Geschichte deutscher Teilung vor sich hatte. Es wurde zwischen Frankreich, Britanien, USA und UdSSR in Besatzungszonen aufgeteilt.

In dieser Arbeit wird die Sowjetische Besatzungszone (SBZ) unter der Lupe genommen oder anders gesagt: die Deutsche Demokratische Republik (DDR) im Bezug zur evangelischen Kirche behandelt.

2. Der Anfang (1945-1969)

„Arbeite mit, plane mit, regiere mit", „mit dem Volk, durch das Volk, für das Volk", der Anfang in der DDR unter der SED-Herrschaft (sozialistische Einheitspartei Deutschland) klang gut, denn unter diesen Richtlinien erwartet man Freiheit, Gleicheit und Demokratie. Doch schon warnt Otto Dibelius[3] vor einen totalitären Staat, der eher die Freiheit des Volkes einschränkt..und prophezeit noch die Konflikte zwischen Kirche und Staat: „totaler Staat u. christliche Kirche sind unversöhnliche Gegensätze".[4]

Und damals hatte er, trotz der VII. Weltkongress der kommunistischen Internationale[5], der den Christen das Recht der Glaubens-und Gewissefreiheit versprach, recht gehabt. Das Volk litt unter einem Mangel an Freiheit, Demokratie und Rechtstaatlichkeit und der Staat beschäftigte sich damals mit der Herrschaftssicherung und den Erhalt der politischen Stabilität.

Bezüglich der Kirche galt eine absolute Trennung von Staat und Kirche und die einzige Aufgabe der Kirche war die Erfüllung religiöser Aufgaben. Sie durfte weder einen politischen Einfluss auf die Gesellschaft ausüben noch sich politisch äußern. Provoziert äußert sich Dibelius kritisch, in einem Hirtenbrief zu Pfingsten 1949 mit dem Titel „Recht und Frieden", der SED-Herrschaft gegenüber. Er hat das Staatsgebilde angeprangert, verglich Merkmale der natioanlsozialistischen Herrschaft der SED, die sich selbst als antifaschistisch verstand. Somit eskalierten die Konflikte und es galt als Anlass für die großen Probleme.

---

[3] Ratvorsitzende der evangelischen Kirche in Deutschland
[4] O. Dibelius
[5] 25. Juli bis 20.August 1935

Deswegen wurde in der II. Parteikonferenz[6] die bedingte Neutralität gegenüber der Kirche aufgehoben und die SED machte sich auf den Weg zum Aufbau des Sozialismus. Für die SED-Herrschaft waren die Kirchen ideologische Gegner, die vernichtet werden mussten. Es begannen Anti-christliche Kampagnen das Land zu überfluten, der Religionsunterricht wurde abgeschafft, christliche Schüler wurden indirekt unterdrückt, damit sie ihren Glauben zu verleugnen z.B wurden Schüler von der Oberschule verwiesen, wenn sie den christlichen Glauben angehörten, die Kirche und zugehörige Organisationen wurden beobachtet und einige Christen wurden unter dem Vorwand „Gegner des sozialistischen Aufbaus" verhaftet.

Otto Dibelius gerät in Rage und droht mit einem Kampf, falls die Regierung nicht damit aufhört.

Doch direkt danach kommt Josef Stalin[7] ums Leben und es beginnt der „Neue Kurs", der zur Verbesserung der Lage (vorrevolutionäre Stimmung) und dadurch entschlossenen Abstand von der Forcierung des „Aufbaus des Sozialismus" zu nehmen. Infolgedessen wurden Pastoren und kirchliche Mitarbeiter aus der Haft entlassen und von der Oberschule verwiesene Schüler wurden wieder aufgenommen. Es gab auch Versuche, Kompromisse für eine neue Kirchenpolitik zu finden, aber es scheiterten und zwei Jahre später endete der neue Kurs gegenüber der Kirche und es kam zur Einführung der Jugendweihe Dies ist eine festliche Initiation, die den Übergang vom Jugend- ins Erwachsenenalter kennzeichnen soll. Sie findet meist im Alter von 14 Jahren statt.[8] Die Kirche beteuerte, dass Kinder mit Jugendweihe keine Konfirmation machen dürfen. Hinzu kommt auch, dass Dibelius im Namen der evangelischen Kirche Deutschland (EKD) den Militärseelsorgevertrag[9] mit der BRD unterschreibt und es erhöhen sich die Spannungen wieder. Als Folge wurden mehr verhaftet und die Repression intesiviert.

Im Jahre 1961 führten Konflikte zum Mauerbau. Für die Kirche bedeutet das: Die Trennung zwischen der Kirche im Osten und der im Westen und eine erschwerte Kommunikation, was natürlich vorteilhaft für die SED-Herrschaft ist. Zudem wurde Dibelius, als Ratvorsitzender und als Bischof von Berlin-Brandenburg der Eintritt in die DDR verweigert. Doch die Kirche gab nicht auf und es bildete sich der Bund der Evangelischen Kirchen (im Osten), der vom Staat nicht anerkannt wurde. Es gab immer noch starke Kräfte, die aber nicht zugunste der

---

[6] 9.-12. Juli 1952
[7] Diktator der Sowjetunion (1927-1953)
[8] https://de.wikipedia.org/wiki/Jugendweihe 27.08.2017, 19:08
[9] 22. Feb.1957

SED-Herrschsft sind, wie die „zehn Artikel" von Friedrich Krummacher[10], in der die Zustände in der DDR kritisch betrachtet werden. Eine der vefassten Thesen lautete: „Wir handeln im Ungehorsam, wenn wir für die Wahrheit nicht einstehen, zum Mißbrauch der Macht schweigen und nicht bereit sind, Gott mehr zu gehorchen als den Menschen."[11] Am 30. Mai 1968 wurde die Paulinerkirche auf Weisung der SED gesprengt, die seit 500 Jahre ein Ort des universären Lebens in Leipzig war. SED-Chef Walter Ulbricht meinte: „Das Ding muss weg! (...) Wenn ich aus der Oper komme, will ich keine Kirche sehen."[12]

3. Kirche im Sozialismus (70er)

Trotzdem: „Die Kirchen in der DDR signalisierten zunehmend ihre Bereitschaft, auch im innenpolitischen Bereich an der Lösung gesellschaftlicher Aufgaben mitzuarbeiten. Die evangelischen Bischöfe brachten dies in ihrem Brief vom 15.2.1968 an W. Ulbricht anläßlich des Verfassungsentwurfs zum Ausdruck."[13] Nach der Entmachtung von Ulbricht trat 1971 Erich Honecker an dessen Stelle und es fanden Gespräche zwischen Staat und Kirche statt, die dann dazu führten, dass der BEK 1971 vom Staat anerkannt wurde. Es enstand dann auf der Bundessynode der DDR-Kirchen die Formel „Kirche im Sozialismus" als Albert Schönherr der Vorsitzende der BEK erklärte: „Wir wollen Kirche nicht neben, nicht gegen, sondern Kirche im Sozialismus sein." Diese Aussage war aber problematisch wegen ihrer Mehrdeutigkeit, deswegen wurde in der Synode 1973 gesagt: „Kirche im Sozialismus wäre die Kirche, die dem christlichen Bürger und der einzelnen Gemeinde hilft, daß sie einen Weg in der sozialistischen Gesellschaft in der Freiheit und Bindung des Glaubens finden und bemüht sind, das Beste für alle und für das Ganze zu suchen."[14] Somit begann eine Phase der Entspannung zwischen Staat und Kirche und man strebte eine Koexistenz beider „Ideologische Gegner". Am 1978 fanden erneute Gespräche zwischen Staat und Kirche statt und die Kirche bekam mehr Rechte in mehreren Bereichen: „1. Kirchliche Bauvorhaben; 2. Funk und Fernsehen; 3. Lutherjubiläum 1983; 4. Seelsorge im Strafvollzug; 5. Altersversorgung für Mitarbeiter; 6. Einfuhr kirchl. Literatur; 7. kirchl. Kindergärten; 8. kirchl. Landwirtschaft; 9. kirchl. Friedhöfe; 10. Feierabend- und Pflegeheime;"[15]

---

[10] Bischof in Greifswald und Vorsitzender der DDR-Bischofkonferenz
[11] F. Krummacher
[12] W. Ulbrecht
[13] http://www.seggeluchbecken.de/kirche/ddr-kirche-3.htm#311 02.09.2017, 14:05
[14] Bericht der KKL vor der Synode des Bundes im Mai 1973. In: Kirche als Lerngemeinschaft, a.a.O. S.185.
[15] http://www.seggeluchbecken.de/kirche/ddr-kirche-3.htm 02.09.2017, 14:49

4. Jahre der Wende (80er)

Alles ging gut, bevor sich der Staat entschied, dass der Wehrunterricht weiter geführt werden muss und die Selbstverbrennung von Oskar Brüsenetz am 22. August 1976 als Rebellion gegen das System. Hinzu kam noch die Debatte über die atomare Aufrüstung in Ost und West 1979. Neben dem Konflikt mit der Kirche ging es dem Staat sowohl innenpolitisch als auch außenpolitisch schlecht." Außenpolitisch war die DDR-Führung isoliert, die Staatsfinanzen waren weitgehend ruiniert, die systemstabilisierende Sozialpolitik kaum mehr fortführbar und die Wirtschaftsentwicklung unter den mehr und mehr ausschlaggebenden Weltmarktbedingungen sehr zweifelhaft."[16] Das Volk war unzufrieden und die Korruption überfüllte das Land. Somit markierten diese Ereignisse den Beginn der Friedensbewegung. Es begannen sich Oppositionsgruppen zu bilden und junge Leute schlossen sich diese Gruppen an und „Man darf nicht vergessen, dass diese Akzeptanz der Kirche als selbstständige Organisation ihr dann ja die Möglichkeit gab in ihren Räumen zu entscheiden, was dort geschieht (...)"[17]. Sie öffnete ihre Räume für die Oppositionellen, denn die Kirche war der einzige Ort, wo freie Meinungsäußerung, selbstständiges Denken und offene Auseinandersetzungen akzeptiert wurden.

Aber die Kirche sicherte dem Staat, dass sie während irgendeines Treffens in kirchlichen Räumen immer versuchen würde die Unzufriedenheit des Volks zu milden und bezeichnete sich als „Ventil" oder einen Platz, wo das Volk sein Misstrauen gegenüber dem Staat verringern kann. Es fanden demzufolge Veranstaltungen wie Konzerte im Kirchenhof statt. Dennoch ensprach es der Realität nicht und das Arbeiten der Oppositionellen unter dem Dach der Kirche lief weiter. Die „grüne Bewegung" suchte dann auch Kontakt mit der Kirche, um Gesprächsrunden zu organisieren. Außerdem fanden Veranstaltungen statt, wie Friedensfahrten, Pflanzaktionen und Ökoseminare, die aber von der Stasi zerschlagen wurden. Die Kirche emöglichte zudem noch interne Veröffentlichungsmöglichkeiten durch Druckerzeugnisse, die von der Stasi nicht überwacht wurden. Diese wurden als Weg genutzt, um politische-und Gesellschaftskritik in der großen Masse zu verbreiten. Die Stasi drohte diese Sonderstellung der Kirche aufzuheben. Die Kirche arbeitete aber weiter unter dem Symbol „Schwerter zu Pflugscharen"[18] („Redewendung gewordenes Teilzitat aus der Bibel, das das Ziel des Völkerfriedens durch weltweite Abrüstung und Rüstungskonversion

---

[16] https://de.wikipedia.org/wiki/Wende_und_friedliche_Revolution_in_der_DDR#Glasnost_und_Perestroika 05.09.2017, 17:09
[17] E. Neubert in einem Interview
[18] http://www.dierevolutionundihrekinder.de/revolution/

ausdrückt.")[19] und die Organisationen wurden nicht aufgelöst. In Leipzig finden ebenfalls Friedensgebete am Montag in der Nikolaikirche seit 1982 statt. Nach den Gebeten werden immer Informationen vor den Teilnehmern veröffentlicht und diskutiert.

Für die SED war das Maß der Toleranz gegenüber der Kirche erreicht und es wurden viele verhaftet und verurteilt, aber die Reformbewegung konnte nicht mehr aufgehalten werden. In 1989 kamen die kleineren Oppositionsgruppen zusammen und bildeten drei Hauptgruppen: Erstens das „Neue Forum", ihr Ziel war: den inneren Frieden, partnerschaften Verhältnis zur Umwelt und der Staat sollte auf Demokratie aufgebaut und nicht von einer Partei beherrscht. Zweitens die „Demokratie jetzt" und ihre Ziele waren fast die gleichen wie die des „Neuen Forum", aber sie kamen zu keiner Vereinbarung. Drittens der „Demokratische Aufbruch" und es bestand vorwiegend aus kirchlichen Vertretern und ihr Ziel war die deutsche Einheit. Und schon begann die friedliche Revolution. Am 13.3.1989 fand ein Protest vor der Nikolai Kirche in Anwesenheit von Journalisten aus dem Westen statt, was einen Skandal für die SED-Herrschaft bedeutete. Um die Spannungen ein bisschen zu lösen genehmigte die DDR 2000 Ausreiseanträge, aber es brodelte immer noch im Land besonders, nachdem es den Oppiositionellen gelungen war bei den Kommunalwahlen die Stimmzettel in Leipzig zu kontollieren und sie wiesen einen Wahlbetrug der DDR-Führer nach. Im Juli wurde demzufolge ein „Stadt-Kirchen-Tag" veranstaltet, an dem Oppositionelle aus der gesamten DDR teilnahmen und nach der Messe gab es eine Demonstration gegen Wahlbetrug und Terror in China. In Peking hatten zwei Monate früher Studenten für Reformen demonstriert und die Demonstration wurder brutal niedergeschlagen. Es wurden dann Filme aus Peking im Fernsehen der DDR gezeigt als Warnung für einen gleichen Terror, wenn die Oppositionellen nicht aufhören würden. Zudem noch eine Drohung in der Leipziger Zeitung und dem Titel „die Staatsfeindlichkeit nicht länger dulden". Dennoch erfolgten mehr gewaltfreie Demonstrationen und Proteste ausgehend von der Kirche und man erhoffte sich ein anderes Resultat als in China. Die SED-Herrschaft verhaftete noch mehr Oppositionelle. „Das eigentliche innerkirchliche Wunder fand erst im September 89 statt, als sich die Mehrheit der Kirchenleitung in einem sehr scharfen Brief an Honecker über die Zustände beschwerte, und forderte, dass die Bevölkerung und auch die Oppositionellen ernst genommen werden mussten."[20] Dieser Brief forderte den SED-Chef auf, mit einer offenen Diskussion zu reagieren, statt mit Belehrungen und Drohungen. Es sollten Veränderungen geben und auch

---

[19] https://de.wikipedia.org/wiki/Schwerter_zu_Pflugscharen 28.10.2017, 15:10
[20] E. Neubert in einem Interview

Reisemöglichkeiten eröffnet werden. 14 Tage später wurde auch auf der Bundessynode vereinbart, dass es dazu aufgerufen wird, die Feierlichkeiten am 7. Oktober bzw 40 Jahre DDR zu boykottieren. Gezwungenermaßen musste der SED- Chef auf den Brief und die Entscheidungen der Bundessynode reagieren. Am 15. September bekam die Polizei Kontrolle über den Nikolaikirchenhof und es kam zu Festnahmen. Die Friedensgebete aber wurden weitergeführt und im Laufe der Zeit bekamen sie politische Relevanz. Die Regierung gerät in Rage und wusste nicht, wie sie reagieren sollte. Sie war wie ein Fisch, der aus dem Wasser rausgenommen wurde und die letzten Atemzüge tat. Zur gleichen Zeit versuchte sie wieder ins Wasser zu springen. Deswegen veröffentlicht kurz danach die SED-Führung Leserbriefe in der Leipziger Volkszeitung, als Versuch sich gegen die Opposition zu wehren, unter dem Titel „Wir wollen weiter in Ruhe und Geborgenheit leben". Den erwünschten Effekt bekamen sie aber nicht und am 40.Jahretag der DDR überfüllten sich die Straßen in Leipzig nicht mit Feierlichkeiten, sondern mit 4000 Demonstranten aus der ganzen DDR. Nach diesem Tag fanden Demonstrationen jede Woche nach den Friedensgebeten statt. Die Anzahl der Demonstranten stieg jede Woche drastisch: am 9 Oktober waren es 70000, am 16. Oktober 120000, am 23. Oktober 200000, am 30. Oktober 300000, dann am Tag der großen Finale: am 6. November 1989 kamen aus der gesamten DDR 400000 Menschen nach Leipzig, um dort zu demonstrieren.

Gegen Abend war die Macht des SED-Staates gebrochen. Der Fisch ist gestorben. Die Mauer brach zusammen und Deutschland macht sich auf den Weg zur deutschen Wiedervereinigung.

5. Bestätigung der These und Schlussfolgerung

Somit hat sich meine These bestätigt. Es ist korrekt, dass die Opposition der evangelischen Kirche im Laufe der Jahre mithilfe ihrer Anhänger zum Verfall der Diktatur in der DDR beigetragen hat.

Es war ein langer und schwerer Weg, den die Kirche nehmen musste, um sich selbst und vor allem das Volk vor dieser Unmenschlichkeit zu retten. Manche könnten behaupten, dass die Kirche nichts Bedeutendes gegen die SED Herrschaft bis in die 80er Jahren unternahm und deswegen diese Phase garnicht als Opposition gilt, demzufolge ist es unnötig sie zu erwähnen. Diese Behauptung ist aber stark abzulehnen, denn die Rede ist hier von dem ultimativen ideologischen Gegner der SED-Herrschaft. Also nur ihre Existenz gilt als eine

Opposition und zwar eine starke, die die Herrschaft langsam folterte. Ihre Existenz bedeutet für die SED-Herrschaft vieles: massive Geldverschwendung für anti-christliche Propaganda und ein Hemmer für den Aufbau des Sozialismus, der auf Atheismus basiert. Es bedeutet auch, dass der Staat einen Teil seiner Konzentration auf das Niederschlagen der Kirche richtet und so viel Zeit hatte die Partei damals nicht, denn es ging dem Land garnicht gut.. sowohl außen-als auch innenpoltisch. Nicht zu vergessen sind auch Otto Dibelius und der Verfasser der 10 Artikeln und viele andere wichtige Persönlichkeiten. Sie haben auch an der „ersten" Phase teilgenommen.

In der letzten Phase, der Phase der Planung, des Zusammentreffen, der Friedensgebete und der Friedlichen Revolution, war die SED Herrschaft, behaupte ich, schon erschöpft oder sie hatte nicht viel Kapazität um sich zu wehren wie in den ersten Jahren. Zwar begegneten die Oppositionellen drastische Maßnahmen, weil sie gegen ihr Land arbeiteten, aber so stark war das nicht. In dieser Phase spielte die Kirche die eigentlich entscheidende Rolle, die die Zukunft Deutschland verändert hat.

Zuletzt komme ich zu dem, was ich aus dieser Facharbeit eigentlich gelernt habe. Als ich mich mit dieser Facharbeit auseinandersetzte hab ich mir mehrmals gedacht, ob ich das mit der ägyptischen Revolution 2011 in irgendeiner Weise assoziieren kann. Ich hab damals keine Antwort gefunden. Doch beim Abschließen der Arbeit war es mir schon klar, dass die zwei Revolutionen eigentlich miteinander eng verbunden sind. Beide Völker litten unter ein korruptes System und eine maskierte Dikatur. In 2011 begann am Freitag die Revolution auch immer nach den Gebeten, wie bei den Friedensgebeten jeden Montag. Zwar spielte die Moschee keine große Rolle wie die Kirche damals, aber dass ist, weil sie auch nicht wie in der DDR unterdückt wurde. Somit gleicht sich das aus. Zum Schluss führten beide zum Verfall des Regimes. Ich hab gelernt, dass die Kraft der Kirche und der Moschee, die Kraft der zielstrebigen Oppositionellen und der Jugend, unabhängig von der Stärke der Regierung, unzerstörbar ist.

Und ja, solch eine Gemeinde könnte einen extrem großen Effekt auf das System haben und ja sie könnte das miese Schicksal eines Landes verändern, weil „Religion ist [eben nicht] das Opium des Volkes"

Quellen:

http://www.zeit.de/1965/48/kirche-in-der-katakombehttp://www.mdr.de/damals/archiv/artikel90062.html

http://www.mdr.de/damals/archiv/artikel90168.html

http://www.mdr.de/damals/archiv/artikel85566_dosArtContext-artikel90062_zc-c2c1b4c5.html

http://www.zeitklicks.de/ddr/zeitklicks/zeit/das-system/das-politische-system/kirche-in-der-ddr/

http://www.kas.de/wf/de/71.6602/

http://www.kas.de/wf/de/71.6604/

https://www.hdg.de/lemo/kapitel/geteiltes-deutschland-krisenmanagement/niedergang-der-ddr/kirche-im-sozialismus.html

http://www.seggeluchbecken.de/kirche/ddr-kirche.htm

https://www.google.com.eg/amp/www.zeit.de/amp/2016/30/ddr-evangelische-kirche-sozialismus-sed-richard-schroeder

http://pointalpha.com/die-rolle-der-kirche-der-ddr-und-ihre-bedeutung-fuer-die-friedliche-revolution

https://www.jugendopposition.de/themen/145323/kirche-und-opposition

https://de.wikipedia.org/wiki/Friedliche_Revolution_(Leipzig)

https://de.wikipedia.org/wiki/Wende_und_friedliche_Revolution_in_der_DDR#Glasnost_und_Perestroika

http://www.grin.com/de/e-book/17812/ursachen-fuer-den-zusammenbruch-der-ddr

https://de.wikipedia.org/wiki/Demokratischer_Aufbruch

http://www.kas.de/wf/doc/kas_21828-1522-1-30.pdf?110207154919

http://www.deutschlandfunkkultur.de/die-rolle-der-kirche-im-sozialismus.1278.de.html?dram:article_id=192448

http://www.seggeluchbecken.de/kirche/ddr-kirche-3.htm

http://www.seggeluchbecken.de/kirche/ddr-kirche.htm#aaa

http://www.seggeluchbecken.de/kirche/ddr-kirche-2.htm#aaa

http://www.seggeluchbecken.de/kirche/ddr-kirche-1.htm#aaa

http://www.seggeluchbecken.de/kirche/ddr-kirche.htm

https://www.hdg.de/lemo/kapitel/geteiltes-deutschland-krisenmanagement/niedergang-der-ddr/kirche-im-sozialismus.html

http://www.zeitklicks.de/ddr/zeitklicks/zeit/das-system/das-politische-system/kirche-in-der-ddr/

https://de.wikipedia.org/wiki/Christen_und_Kirchen_in_der_DDR

Literaturverzeichnis

Buch: Praxis Geschichte September 5/2009 Heft 5 22. Jahrgang, S. 21 M1
Buch: Information zur politischen Bildung Nr. 312/2011, S. 68 „Frieden schaffen ohne Waffen"
Buch: Information zur politischen Bildung Nr. 312/2011, S. 69 Quelle: „Oppositionelle im Schutzraum der Kirche"

Bildverzeichnis

http://www.bpb.de/geschichte/deutsche-einheit/lange-wege-der-deutschen-einheit/47190/kirchennaehe?type=galerie&show=image&i=47195

http://www.kulturation.de/ki_1_thema.php?id=127

http://www.dierevolutionundihrekinder.de/revolution/

BEI GRIN MACHT SICH IHR WISSEN BEZAHLT

- Wir veröffentlichen Ihre Hausarbeit,
  Bachelor- und Masterarbeit

- Ihr eigenes eBook und Buch -
  weltweit in allen wichtigen Shops

- Verdienen Sie an jedem Verkauf

Jetzt bei www.GRIN.com hochladen
und kostenlos publizieren